Pour Rémi et Mathis,

L.K.

Mise en couleurs de Sylvie Le Menestrel

Direction éditoriale et artistique : Alain Serres
Maquette : V.D. + K.O.

ISBN : 978-2-35504-310-9

Lionel Koechlin

RETIRE CE DOIGT DE TON NEZ !

SUPER GUIDE
DES BONNES MANIÈRES

RUE DU MONDE

1.

Comment se comporter avec les autres

On s'efface pour laisser passer
les grandes personnes
et on leur tient la porte...

... car un vampire
peut s'être caché
dans la pièce d'à côté.

N'hésitez jamais à proposer
vos services.

Le ciel saura
vous récompenser !

il ne faut pas hésiter
à protéger les faibles...

... parce que protéger
les puissants, c'est un peu minable.

Après une victoire sportive,
sachez rester modeste...

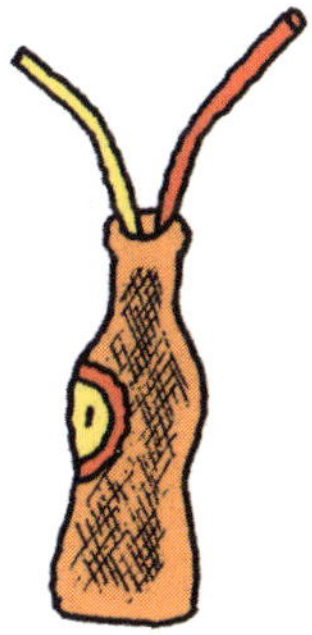

... surtout
si vous avez vaincu
votre arrière-grand-père !

Si vous avez les mains moites,
ne les essuyez pas sur un ami...

... surtout si ses rideaux
vous tendent les bras !

On peut aider ses ami(e)s
à enfiler leur manteau.

Se tromper volontairement
de manteau peut égayer
les fins de soirée !

N'oubliez pas de rendre
les livres qu'on vous a prêtés,
et prêtez-en à votre tour...

... si vous êtes sûr
de connaître les goûts du lecteur.

On ne rit pas
du malheur des autres :
cela fait du mal !

Mais on peut rire
de ses propres malheurs :
cela fait du bien !

On ne mange pas un gâteau
sous le nez d'un ami
sans lui proposer de partager…

... même si le gâteau est rassis !

Lorsque vous désaltérez vos amis,
ne leur servez jamais le fond de la carafe :
celui-ci peut être boueux...

... surtout si vous y élevez
des têtards !

Quand les grandes personnes discutent,
il est interdit de leur couper la parole
sauf en cas d'incendie,
de monstre à l'horizon...

... ou, pire encore,
en cas de besoin d'une aide urgente
pour la révision
de la table de 9.

Chez un ami peintre,
ne ricanez pas devant les toiles
qui vous déroutent.

Ne les admirez pas trop non plus
car, s'il vous en offre une,
vous serez obligé de l'accrocher
chez vous !

si tu fourres un doigt dans ton nez,
tu te fais gronder.

Si tu y fourres
les cinq doigts,
tu passes à la télé.

Après avoir reçu
un gros baiser mouillé,
on ne prend pas l'air dégoûté
et on ne s'essuie pas la joue...

... même si cela permettrait
d'éviter un deuxième baiser !

Devant un cadeau décevant,
on remercie malgré tout le donateur
pour ne pas lui faire de peine.

Et on n'ajoute pas :
« je le revendrai sur internet »,
même si c'est la vérité.

Si un de vos convives brise un meuble,
dites que cela n'a aucune importance.
Accusez le meuble : on peut faire
preuve d'injustice avec les objets...

... car même ceux qui ont une âme
sont indifférents à tout.

2. Comment bien se tenir à table

Avant de passer à table,
il faut se laver les mains...

... sauf si vous préférez
garder vos moufles.

On peut aussi
se laver les pieds,
mais c'est facultatif.

il ne faut pas
se précipiter
sur le plus beau
morceau du plat...

... car le plus beau
n'est pas toujours le plus frais.

Si vous trouvez dans votre assiette
un ver de terre,
ne vous plaignez pas.

Sachez que, pour lui,
c'est encore moins drôle
que pour vous !

Pour ne pas faire de bruit,
il faut fermer la bouche en mangeant.

Cependant,
si on est doué,
on peut réussir à faire du bruit
en mangeant la bouche fermée.

Au dessert, ne mettez
ni fruits ni gâteaux
dans votre poche...

... à la rigueur,
un peu de crème au chocolat

pour redresser l'industrie
du lave-linge !

Si un de vos invités laisse échapper
un bruit malencontreux,
excusez-vous
comme si vous en étiez l'auteur…

… ou, mieux,
prenez l'air soucieux et dites :
« Voilà l'orage,
le temps va se gâter ! »

Si un de vos couverts est sale,
ne l'essuyez pas sur la nappe...

... même si elle a déjà abondamment dégusté !

Efforcez-vous
de mettre à l'aise vos invités.

Mais évitez tout de même de dire :
« Faites comme chez vous ! »

Ou alors,
attendez-vous
au pire !

Ne vous mouchez pas à table.

Les autres pourraient
se croire autorisés
à cracher dans la soupe.

Afin de ne pas gêner ses voisins,
on ne pose pas ses coudes
sur la table.

cette recommandation
est également valable
pour les genoux et pour les pieds,
même si on oublie trop souvent
de le répéter.

On ne se gratte pas
les croûtes à table...

... sauf si tout le monde
aime le pâté en croûte !

Si on a le hoquet,
si on doit aller au petit coin
ou si on n'arrive pas
à avaler un morceau trop gros,
on s'éclipse et on revient
discrètement...

... même si un de vos voisins de table
a profité de votre absence
pour terminer votre dessert !

Ce n'est pas très joli
de se curer les dents.

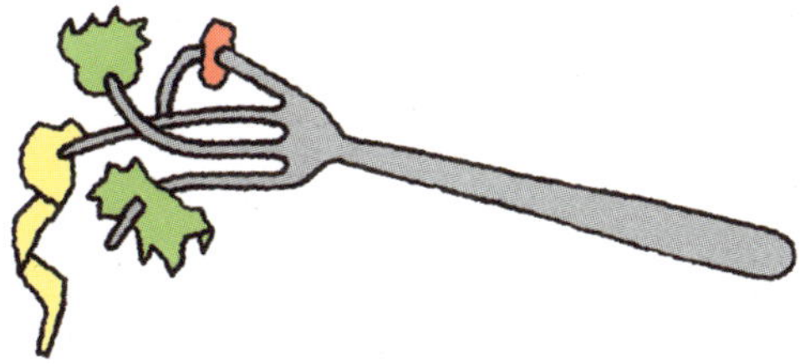

Mais, par bonheur,
l'art de la récupération
est à la mode !

Celui qui se balance sur sa chaise
au début du repas
risque de rester sur sa faim.

il est préférable
d'avoir fini son dessert
avant de faire l'acrobate.

Lorsqu'on doit partager
un fruit en deux, on présente
à son invité la plus grosse moitié,
à laquelle on aura laissé la queue.

Ce conseil ne s'applique pas
aux cerises, noisettes et autres bananes,
cacahuètes, myrtilles, groseilles,
cachous et lézards.

Si un de vos invités
n'arrive pas à finir son assiette,
n'insistez pas...

... sauf si vous pensez
qu'un rot monstrueux
pourrait relancer
la conversation !

On ne lèche pas son assiette...

… même pour prendre de l'avance
sur la vaisselle !

Ne parlez jamais la bouche pleine,
vous risqueriez d'éclabousser
votre vis-à-vis...

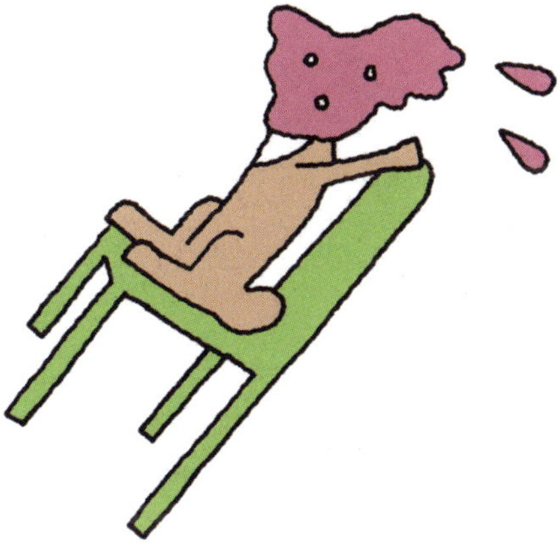

... à moins
que sa conversation
ne vous abrutisse !

Avec vos voisins de table,
évitez d'aborder les sujets qui fâchent :
diesel, chasse à l'éléphant,
gaz de schiste, cuisson du rôti...

Quant à la faim dans le monde,
il faudra bien en parler un jour,
au risque de vous couper l'appétit.

3.

Comment vivre harmonieusement ensemble

Dans l'autobus, le métro ou le train,
on cède sa place aux femmes enceintes
et aux personnes âgées...

... surtout si on est assis
depuis plusieurs stations
à côté d'un bouc !

Lorsque des gens
font la queue,
on ne passe pas
devant eux.

Ce genre de comportement
peut déclencher
une guerre mondiale !

Pensez aux suivants :
laissez derrière vous des w.c.
aussi propres que lorsque
vous y êtes entré.

Reconnaissance et respect
pour les W.C. qui exercent
un métier ingrat
et ne sont pas payés de retour !

Si vous téléphonez dans un lieu public,
ne hurlez pas : votre conversation
n'intéresse pas forcément les autres...

… à moins que vous ne révéliez
à votre correspondant
l'emplacement du trésor
de Barbe Noire,
le roi des pirates.

vider un pot de confiture de kiwi
en trois secondes, c'est un exploit.
Déposer le pot vide
dans une poubelle verte pour le recyclage,
c'est encore mieux...

... surtout
pour un daltonien !

On ne colle pas
ses crottes de nez
n'importe où !

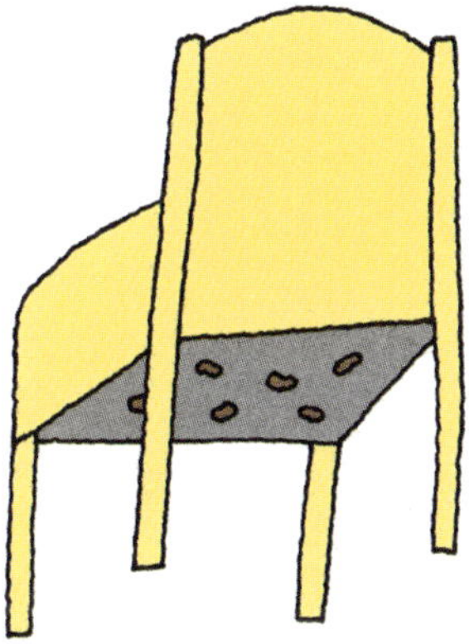

Car, un jour, elles pourraient bien
remplacer les raisins secs
dans un gâteau de semoule.

Ne crachez pas
vos chewing-gums par terre.

En l'air non plus,
car rien ne colle
sous les nuages !

Si vous avez la chance d'être invité
à une fête, répondez dans les délais
et n'oubliez pas de remercier.
On ne remercie jamais assez.

Et remerciez deux fois plus
si la fête est ratée.

il faut arriver à l'heure
à ses rendez-vous.
On dit que l'exactitude
est la politesse des rois.

D'ailleurs,
en ont-ils d'autres ?

À la fin d'un pique-nique,
on ne laisse pas ses détritus sur place...

... même si la petite rivière
est déjà complètement polluée.

Lorsque vous passez
devant quelqu'un,
vous devez dire : « Pardon ! »
Cette personne doit répondre :
« Je vous en prie ! »

Sinon, vous avez affaire à un ours,
et vous avez le droit
de lui marcher sur les pieds !

Si, chez des amis,
la conversation manque d'intérêt,
ne dites pas :
« Allumons donc la télé ! »

Vous n'êtes pas sûr
de gagner au change !

Cracher, c'est immonde !

Et cela ne fera jamais
du cracheur
un footballeur professionnel !

Écoute bien ce conseil, Pitchoune...
...Ne tiens jamais compte des conseils qu'on te donne!
?

Ce livre est imprimé sur du papier Amber graphic,
issu de forêts gérées durablement, correspondant aux normes suivantes :
ECF (Elemental Chlorine Free), sans acide à longue durée de vie,
conforme aux exigences européennes
concernant la teneur en métaux lourds (98/638 CE),
recyclable et biodégradable.

IMPRIM'VERT®

Achevé d'imprimer en avril 2014
sur les presses de l'imprimerie Clerc
à Saint-Amand-Montrond (18) - France
Dépôt légal : avril 2014